6·25 전쟁이 1950년에
북한 공산군의 남침으로 일어났어요.
우리 국민은 자유 민주주의를 지키겠다는 굳은 결의로
유엔군의 도움을 받아 북한군을 물리쳤지요.
이 전쟁으로 입은 피해는 너무나 컸지만,
우리 민족은 꺾이지 않는 의지로
다시 일어섰어요.

추천 감수 박현숙(고대사)

고려대학교 사범대학 역사교육과를 졸업하고 동 대학원에서 문학박사 학위를 받았습니다. 현재 고려대학교 사범대학 역사교육과 교수로 재직 중이며, 백제 문화와 고대 인물사 등에 대한 활발한 연구를 계속하고 있습니다. 쓴 책으로 〈백제의 중앙과 지방〉, 〈한국사의 재조명〉 등이 있습니다.

추천 감수 정구복(고려사 · 조선사)

서울대학교 사범대학 역사교육과를 졸업하고 서강대학교에서 문학박사 학위를 받았습니다. 한국학중앙연구원 한국학대학원의 교수로 재직 중이며, 한국학중앙연구원 한국학대학원 원장을 역임하였습니다. 쓴 책으로 〈한국인의 역사 의식〉, 〈역주 삼국사기〉, 〈한국 중세 사학사 1, 2〉 등이 있습니다.

추천 감수 김한종(근현대사)

서울대학교 사범대학 역사교육과를 졸업하고 동 대학원에서 역사교육을 전공하여 문학박사 학위를 받았습니다. 현재 한국교원대학교 교수로 재직 중입니다. 쓴 책으로 〈역사 교육 과정과 교과서 연구〉, 〈역사 교육의 내용과 방법〉(공저), 〈한 · 중 · 일 3국의 근대사 인식과 역사 교육〉(공저), 〈역사 교육과 역사 인식〉(공저) 등이 있습니다.

고증 문중양(과학사)

서울대학교 계산통계학과를 졸업하고 동 대학원에서 이학박사 학위를 받았습니다. 쓴 책으로 〈우리 역사 과학 기행〉, 〈우리의 과학문화재〉(공저), 〈세종의 국가 경영〉(공저) 등이 있습니다.

고증 정연식(생활사 및 복식)

서울대학교 국사학과를 졸업하고 동 대학원에서 문학박사 학위를 받았습니다. 쓴 책으로 〈조선 시대 사람들은 어떻게 살았을까?〉(공저), 〈일상으로 본 조선 시대 이야기 1, 2〉 등이 있습니다.

글 김육훈

전국역사교사모임의 창립 회원이며, 2002년부터 4년 동안 회장을 지냈습니다. 대안적 교육 과정과 교과서에 대한 소망을 담아 〈살아 있는 한국사 교과서〉, 〈살아 있는 세계사 교과서〉, 〈우리 아이들에게 역사를 어떻게 가르칠 것인가〉 등을 펴내는 데 참가하였습니다. 학생들이 토론하면서 자기 생각을 만들기 바라며 〈쟁점으로 보는 한국사〉를 펴냈고, 중학교 사회1, 2, 고교 공통 사회 교과서(검정) 집필에 참가하였으며, 고등학교 국사 교과서(국정) 집필에도 참가하였습니다.

그림 김동수

서양화를 전공하였으며, 수상한 상으로는 '대한민국미술대전' 입선, '동아미술대전' 입선, 'MBC미술대전' 입선 등 다수가 있습니다. 그린 책으로 〈박나무의 꿈〉, 〈흰돌〉, 〈계백장군〉, 〈반딧불이〉, 〈흑치상지〉 등이 있습니다.

이미지 제공

연합포토, 중앙포토, 국립중앙박물관, 국립부여박물관, 국립경주박물관, 국립민속박물관, 유연태(사진작가), 허용선(사진작가)

광개토 대왕 이야기 한국사 **66** **대한민국**

나라를 다시 일으키려고 애쓰다

총기획 및 발행인 박연환
발행처 (주)한국헤르만헤세
출판등록 제17-354호
연구개발원 경기도 성남시 분당구 금곡동 444-148
대표전화 (031)715-7722
팩스 (031)786-1100
본사 서울시 송파구 석촌동 7-3
대표전화 (02)470-7722
팩스 (02)470-8338
고객문의 080-715-7722
편집 임미옥, 백영민, 윤현주, 지수진, 최영란
디자인 장월영, 주문배, 김덕춘, 김지은

ⓒ Korea Hermannhesse

이 책의 표지는 일반 용지보다 1.5배 이상 고가의 고급 용지인 드라이보드지를 사용해 제작하였습니다. 표지를 드라이보드지로 제작하면 습기의 영향을 덜 받기 때문에 본문 용지가 잘 울지 않고, 모양이 뒤틀리지 않아 책을 오랫동안 보존할 수 있습니다.

이 책은 기존의 석유 잉크 대신 친환경 식물성 원료인 대두유 잉크를 사용하여 인쇄하였습니다. 대두유 잉크는 선진국에서 널리 사용하고 있는 고가의 대체 잉크로, 휘발성이 적어 인쇄 상태의 보존이 용이하고, 인체에 무해할 뿐만 아니라 눈에 부담을 주지 않는 자연스러운 색을 내는 특징이 있습니다.

나라를
다시 일으키려고
애쓰다

감수 김한종 | 글 김육훈 | 그림 김동수

한국헤르만헤세

첨벙첨벙

전쟁, 씻을 수 없는 상처

인천 상륙 작전과 유엔군

북한군과 국군이 경상도 낙동강에서 거센 전투를 벌일 때쯤,

연합군은 인천에 대규모 군대를 상륙시켰어요.

1950년 9월 15일 인천 상륙 작전이 시작된 거예요.

"인천을 점령해 북한군의 허리를 끊어야 한다."

연합군은 인천과 서울을 차지하고 남쪽 북한군을 외톨이로 만들었어요.

김일성은 북한군이 위기에 빠진 것을 알고 명령했어요.

"남쪽에 있는 북한군을 서둘러 물러나게 하시오.

최대한 많은 수가 살아서 이북으로 돌아올 수 있도록 하시오."

국군과 연합군은 물러나는 북한군을 쫓아 북으로 올라갔어요.

"38도선을 넘어 북쪽으로 나아가라!"

1950년 10월, 국군은 38도선을 넘어 평양을 차지했어요.

곧이어 북한의 가장 북쪽인 압록강에 이르렀어요.

국군은 압록강 물을 마시며 통일이 눈앞에 왔다고 감격했어요.

"압록강 물을 마시니 통일이 바로 코앞에 온 것 같아!"

전쟁이 남긴 상처들

1950년 6월에 전쟁이 일어나고 1년 동안 수많은 전투 속에서
많은 사람들이 죽었어요.
군인들은 물론 어린이나 노인, 여성들의 희생도 컸어요.
북한군을 어쩔 수 없이 도왔던 사람들은 국군들에게 죽었어요.
반면 국군을 도운 사람들은 북한군 손에 죽어야 했어요.

1951년 2월, 거창에서 가슴 아픈 사건이 일어났어요.

국군들은 마을 사람들이 북한군을 돕고 있다고 생각했어요.

"너희는 모두 **빨갱이**지, 너희는 분명 **빨치산**을 돕고 있을 거야."

"아닙니다. 저희는 아무것도 모르는 일입니다."

하지만 국군들은 이 말을 믿지 않고 마을 사람들을 죽였어요.

이러한 일들은 전투가 벌어진 곳이면 어김없이 일어났어요.

국군이 압록강까지 나아갔지만 통일의 꿈은 이룰 수 없었어요.

중국이 엄청난 군대를 보내 북한을 도왔기 때문이에요.

"미국이 북한을 차지하면 중국까지 위험해질 수 있어."

국군과 연합군은 중국군에 밀려 38도선 아래로 물러났어요.

그러자 북한 지역에 살고 있던 사람이 국군을 따라

남쪽으로 내려왔어요.

"북한보다 남한에서 살아야겠다. 어서 짐을 챙겨 떠나자!"

"먼저 아이들을 데리고 떠나세요. 전 나중에 따라갈게요."

이러한 과정에서 사랑하는 가족을 잃은 사람도 많았어요.

남북으로 갈린 정전 협정

1951년 6월 23일, 소련과 중국은 전쟁을 끝내자고 제안했어요.

"6·25 전쟁은 이제 어느 한쪽도 이길 수 없는 전쟁이 되어 버렸소."

미국도 전쟁을 끝내는 데 뜻을 모았어요.

"좋소. 전쟁만 길어져 희생자만 늘어나니 정전 협상을 합시다."

1951년 7월부터 남과 북이 전쟁을 끝낸다는 협상을 시작했어요.

남과 북은 유리한 협상을 하기 위해 한 치의 양보도 하지 않았어요.

남한 정부는 정전 협상을 강하게 반대했어요.

"북한의 군대를 모조리 무찌를 때까지 전쟁을 계속해야 합니다."

모든 권한을 가지고 있던 미국은 남한의 주장에 동의하지 않았어요.

"중국과 소련이 있는 한 전쟁으로 통일할 수 없습니다."

북한은 전쟁을 최대한 빨리 끝내기를 원했어요.

전쟁을 통해 통일이 불가능하다는 사실을 깨달았던 거예요.

1953년 7월 27일 판문점에서 휴전 협정이 맺어졌어요.

미군 사령관, 북한과 중국 사령관이 휴전 협정 문서에 서명하면서

길고 긴 전쟁이 끝이 났어요.

"휴전이라니! 말도 안 돼. 우리가 얼마나 남북통일을 바랐는데."

남한 정부는 끝까지 휴전에 반대했어요.

그래서 지금 남아 있는 정전 협정 문서에는 남한 대표 서명이 없어요.

▲ 정전 협상을 하는 연합군과 공산군

이 협정으로 6·25 전쟁은 휴전 상태로 들어갔어.

휴전은 전쟁을 잠시 쉰다는 뜻이야.

1954년 4월, 스위스 제네바에서 휴전을 위한 만남이 이루어졌어요.

남한과 북한은 물론 전쟁에 참가한 모든 국가가 모였어요.

"우리는 한국에서 더 이상 전쟁이 없기를 바랍니다.

완전히 전쟁을 끝낼 수 있는 방법을 찾았으면 좋겠습니다."

회의는 남과 북의 감정 싸움으로 처음부터 엇갈렸어요.

"먼저 전쟁을 일으킨 북한에서 사과부터 하시오!"

"전쟁을 먼저 일으킨 건 남한이오!"

남북 양쪽은 팽팽하게 맞서 타협점을 찾지 못했어요.

남과 북은 서로를 미워하는 마음이 너무 컸어요.

평화 통일을 해야 한다는 생각은 같았지만 어떻게 통일을 할 것인지

의견 차이는 조금도 좁혀지지 않았어요.

남북 평화를 위해 열렸던 국제회의는 실패로 끝났고,

남북은 휴전 상태로 지금까지 오게 되었어요.

> 제네바 회담에서
> 남북한 사람들이 모두 참여하는
> 총선거를 통해 통일 정부를
> 세우자고 했지만 실패했어.

▲ 제네바 회담에 참석하는 대표들

13

나라를 다시 세우려고 애쓰다

우리 농업을 일으킨 농학자, 우장춘

1955년, 부산의 중앙 원예 기술원에 기자들이 모였어요.
"우장춘 박사님, 저희에게 보여 주실 것이 뭔가요?"

우장춘은 수박을 기자들 앞에 내놓았어요.

"수박이지 않습니까? 이 수박에 무슨 비밀이라도 있는 겁니까?"

우장춘은 말없이 수박 가운데를 칼로 잘랐어요.

기자들은 갈라진 수박을 놀란 얼굴로 보았어요.

"이럴 수가 있나, 수박에 씨가 없네요?"

"그렇습니다. 씨 없는 수박입니다."

우장춘이 농업 발전을 위해 종자 개발에 노력한 결과였어요.

좋은 종자를 개발하는 것이 농업 발전의 비결입니다.

15

우장춘은 일제 시대 일본에서 살았어요.

일본인이 운영하는 농장에서 일하면서 어머니 말을 새기며 지냈지요.

"네 아버지는 조선의 혁명가이다."

우장춘은 조국이 광복을 맞이하자 한국으로 가려 했어요.

일본 사람들은 훌륭한 학자를 잃을 수 없다며 말렸어요.

"나는 한국인이기 때문에 한국으로 가겠다."

우장춘은 한국 농업 발전을 위해 연구를 시작했어요.

하지만 연구 조건이 매우 나빴어요. 마땅한 실험 장비도 없었어요.

연구에 필요한 돈을 마련하기도 쉽지 않았어요.

그래도 우장춘은 포기하지 않았어요.

6·25 전쟁이 일어났을 때에도 연구를 멈추지 않고 계속했어요.

1954년, 마침내 무와 배추 종자를 대량으로 생산하는 데 성공했어요.

외국에서 무, 배추 씨앗을 사 오지 않고 우장춘이 개발한 무, 배추

씨앗으로 농사를 지을 수 있게 된 거였어요.

1959년, 우장춘은 벼 종자 개량을 연구하다 건강이 나빠져 병원에

입원했지만 오직 벼 종자 개량에 대한 연구만 생각했어요.

"벼 종자 개량을 끝내야 하는데!"

1959년 8월 10일, 우장춘은 마지막 며칠까지 벼를 보살피다

세상을 떠나고 말았어요.

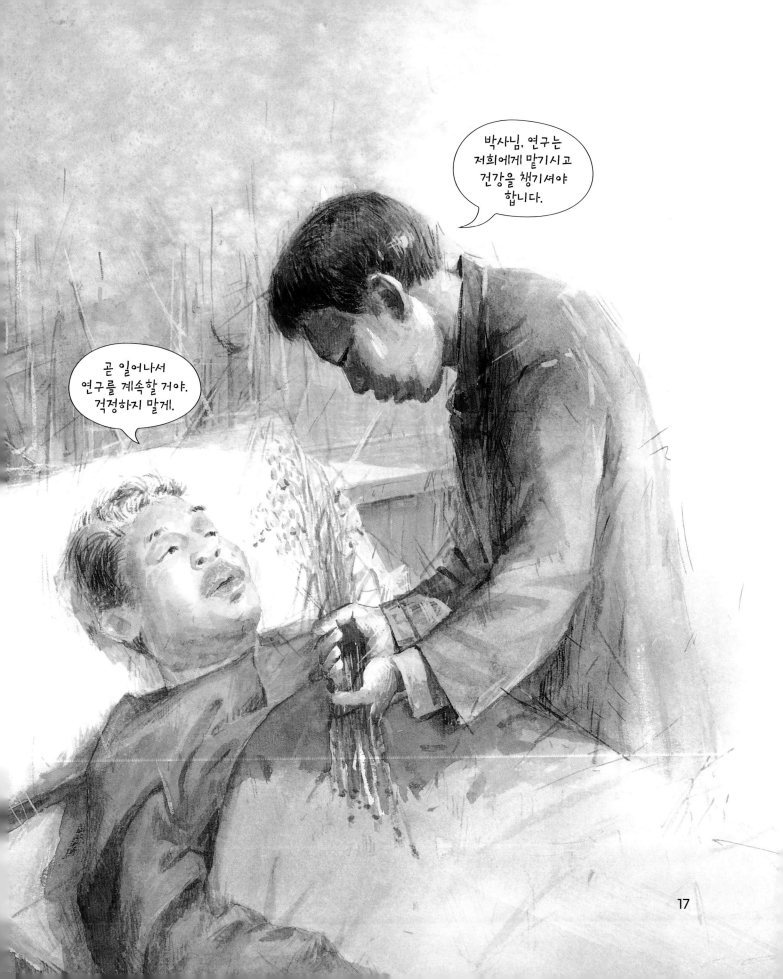

누더기가 된 헌법, 짓밟힌 민주주의

깡패들이 끼어든 정치

1952년 5월 26일 아침, 국회 의원 50여 명을 태운 버스가

임시 국회 의사당으로 쓰던 경남 도청 정문을 들어서고 있었어요.

버스가 정문을 지나가는 데 갑자기 군인들이 막았어요.

"무슨 일이야? 국회 의원 출근길을 막다니?"

국회 의원들은 버스를 막은 군인들에게 화를 냈어요.

군 장교 한 명이 나서며 말했어요.

"잠시 함께 가 주실 곳이 있습니다."

"당신 누구야? 무슨 일인데 그래?"

군인은 국회 의원 물음에 대답하지 않고

견인차 기사에게 말했어요.

군인들이 국회 의원을 끌고 가는 건 민주 국가에서 있을 수 없는 일이지.

"이봐, 국회 의원들이 탄 버스를 끌고 가!"

"아니, 이게 뭐하는 짓인가?

우릴 어디로 끌고 가는 거야?"

"야, 너희 지휘관이 누구야?

대장 나오라고 그래!"

국회 의원들이 호통을 쳤으나 소용없었어요.

냥!

18

국회 의원들이 끌려간 곳은 헌병대였어요.

헌병대는 군대의 경찰 역할을 하는 부대예요.

"우리를 헌병대로 강제로 끌고 가라고 명령한 사람이 누구야?"

"방금 알아봤는데 계엄 사령관 원용덕이라고 하네."

"당장 원용덕을 데리고 와!"

계엄 사령관은 국회 의원들을 모른 척하고 만나지 않았어요.

그리고 국회 의원들을 부대 안에 가두었어요.

계엄 사령관은 다음 날 5월 27일 국회 의원들을 풀어 주었어요.

하지만 10명의 국회 의원은 풀려나지 못했어요.

이들에게는 국제 공산당에게 돈을 받았다는 핑계가 붙여졌어요.

국회 의원들은 당장 모여 회의를 열었어요.

"국회 의원 10명이 국제 공산당에게 돈을 받았다는 것은 거짓이오."

"우리가 직선제를 반대하니까 이승만 대통령이 우릴 억누른 것이오."

이승만 대통령이 국회 의원들을 억누른 이유는

대통령을 오래 하고 싶은 욕심 때문이었어요.

1950년 5월 30일, 4년 임기 국회 의원 선거가 있었어요.

"남북이 협상으로 평화 통일을 해야 합니다."

이 선거에서 국민들은 평화 통일을 주장하는 국회 의원들을 뽑아 주었어요.

이승만이 원하는 국회 의원보다 반대하는 국회 의원이 더 많게 되었어요.

"나를 반대하는 국회 의원들이 국회에 너무 많아!

이렇게 되면 다시 대통령을 할 수 없어."

얼마 후 6·25 전쟁이 일어났어요.

이승만 대통령은 전쟁을 하면서도 헌법을 고치려고 했어요.

"국회 의원들이 대통령을 뽑는 게 아니라 국민이 직접 대통령을
뽑게 해야겠어. 그래야지 내가 대통령에 당선될 수 있을 거야."

헌법은 오직 국회에서만 고칠 수 있었어요.

국회 의원들은 이승만이 내놓은 헌법 개정안을 반대했어요.

"찬성 19표, 반대 143표입니다."

"그렇다면 남은 방법은 하나, 힘으로 밀어 부칩시다."

이승만은 경찰과 깡패를 끌어들여 국회 의원을 협박했어요.

땃벌떼, 백골단 같은 이상하고 무서운 이름을 가진 단체들이
나타났어요.

"헌법 개정을 반대한 국회 의원들은 자리에서 물러나라!"

"국민의 뜻을 저버린 국회는 필요 없다."

"헌법을 바꿉시다."

"진정한 애국자 이승만 각하를 대통령으로 만듭시다."

하지만 국회 의원들은 뜻을 굽히지 않았어요.

"지금은 대통령 한 사람에게 너무 많은 힘이 가 있소.
권력이 모이면 독재가 될 수 있습니다. 막아야 합니다."

국회 의원들은 대통령 임기가 끝나는 1952년 이후 나라를 운영하는
새 헌법을 만들기로 했어요.

이승만은 깡패를 끌어들여도 안 되자 군대를 불러들였어요.

이승만은 1952년 5월 25일 계엄령을 선포했어요.

전쟁으로 인해 피난민들이 굶주리고 있었지만 부산에서는 권력을

차지하기 위한 나쁜 일이 벌어지고 있었던 거예요.

이승만은 군인을 불러들이기 위해 육군 참모 총장 이종찬을 불렀어요.

"지금 당장 부산에 1개 사단 병력을 주둔시키시오!"

"안 됩니다. 국군은 정치인의 개인 병사가 아닙니다.

군대는 정치에 중립을 지켜야 합니다."

"지금 내 말을 거역하는 겁니까!"

이승만은 불같이 화를 내며 헌병 사령관 원용덕을 불렀어요.

"헌병 사령관을 계엄 사령관으로 임명할 테니 내 말을 잘 따르시오."

"알겠습니다. 각하의 뜻에 따라 최선을 다하겠습니다."

이승만이 군대 힘으로 헌법과 민주 제도를 무너뜨리려 하고 있네.

그러게, 전쟁으로 고통받는 국민들을 챙겨야 하는데….

원용덕은 이종찬과 달리 이승만의
뜻을 충실히 따랐어요.
원용덕은 헌법 개정에 반대한
국회 의원들을 잡아 두었어요.
또한 국회 의원 10명을 국제
공산당이라며 부대 안에 가두었어요.
결국 이러한 폭력 앞에 국회는
이승만에게 무릎을 꿇었어요.

1952년 7월 4일, 국회는 헌법 개정안을 통과시켰어요.

"찬성 163표, 기권 3표, 반대표는 없습니다.

이로써 새로운 헌법이 국회에서 통과되었음을 알립니다."

헌법 개정은 민주 절차를 무너뜨린 반란이나 다름없었어요.

사람들이 수군거리기 시작했어요.

"전에는 찬성이 겨우 19표였고, 반대가 146표였어."

"그런데 지금은 반대가 한 표도 없다니, 어찌 된 일이지?"

"이보게, 국회 의사당을 경찰들이 에워싸고 투표를 했대.

누가 감히 반대를 할 수 있겠나. 무서워서 반대를 못한 거지."

이렇게 국민들의 불만이 높아지자 이승만이 기자들을 불러 말했어요.

"나는 다음 대통령 선거에 나가지 않겠습니다."

▲ 발췌 개헌안 표결

어떻게 반대가 한 표도 나오지 않은 거야?

공개 투표를 해서 그래. 공개 투표를 하면 누가 반대를 했는지 다 알잖아.

투표함

국회 의원이나 국민들의 예상과 완전히 다른 발표였어요.

"많은 사람들이 나를 의심한다는 소리를 들었습니다.

내 욕심 때문에 헌법 개정을 한 것이 아닙니다.

나라와 민족을 위해 헌법 개정을 한 것입니다."

하지만 이는 모두 거짓말이었어요.

이승만을 지지하는 사람들이 기다렸다는 듯이 들고일어났어요.

"이승만 각하는 대통령 선거에 나오셔야 합니다."

이승만 지지자들은 시위를 벌이고 서명 운동을 했어요.

"국민들의 뜻이 그러하니 대통령 선거에 나가겠소."

이승만은 마지못해 나오는 척했어요.

이승만은 수십만 명을 끌어들여 한 달 가까이 선거 운동을 했어요.

하지만 다른 후보들은 열흘 동안만 선거 운동을 하게 했어요.

▲ 이승만, 제2대 대통령으로 취임

이승만은 정치 깡패와 군대를 동원해 헌법 개정을 통과시킨 후 제2대 대통령이 됐어.

1952년 8월 5일, 이승만은 두 번째 대통령에 당선되었어요.

이승만은 제2대 대통령이 되었지만 여전히 불만이 많았어요.

"1956년에 대통령 임기가 끝나오. 마음에 들지 않아요."

그러자 이승만을 따르는 자유당 국회 의원들이 방법을 내놓았어요.

"대통령을 두 번밖에 할 수 없다는 조항을 바꾸는 겁니다."

"그렇습니다. 초대 대통령에게는 그 조항을 적용하지 않는다고

헌법을 바꾸는 것이지요."

"좋습니다. 당장 헌법을 고쳐 국회에서 통과시키도록 하시오."

자유당 국회 의원을 중심으로 해서 헌법을 또 바꾸었어요.

이제 이승만은 죽을 때까지 대통령 선거에 나갈 수 있게 되었어요.

그러자 이승만에 반대하는 사람들이 모였어요.

신익희는 민주당을 만들었고,

조봉암은 진보당을 만들었어요.

"세 번째 대통령 선거에서

이승만을 뽑지 맙시다."

"이승만 독재를 막아야 합니다."

하지만 신익희는 선거 운동 도중

갑자기 죽고 말았어요.

1956년 5월 15일 선거는 결국

이승만의 승리로 끝났어요.

여러분~
제가 또 대통령이
되었습니다!

누가
반긴다고….

이승만 정부, 권력을 휘두르다

이승만과 자유당은 권력을 얻기 위해 수단과 방법을 가리지 않았어요.

민주당 출신 부통령인 장면까지 암살하려고 했지만 실패했어요.

이를 안 많은 정치인들이 불안에 떨었어요.

나는 간첩이 아니오. 진실은 법정에서 가려질 것이오.

"이승만을 비판하려면 목숨을 걸고 해야겠어."

그러나 대통령 후보로 나섰던 조봉암은 두려워하지 않았어요.

조봉암은 독재 정치와 끝까지 맞서 싸웠어요.

"나는 공산주의자들의 독재 정치를 반대한다.

그러나 부패한 자들이 민주 정치를 짓밟는 것도

분명히 반대한다."

조봉암은 짓밟힌 민주주의를 다시 세워야 한다고 주장했어요.

"더 이상 동족끼리 싸우는 일은 없어야 합니다."

또한 평화 통일을 위해 노력하겠다고 다짐했어요.

국민들은 조봉암을 밀어주었어요.

그러자 이승만 정권은 조봉암을 그냥 두지 않았어요.

깡패들을 진보당 집회장에 보내 방해했어요.

"조봉암은 국민을 속이지 마라!"

깡패들은 집회를 방해하고 진보당에 참가한 사람들을

때렸어요.

자유당 정권은 더 나아가 조봉암을 없애기로 했어요.

"조봉암과 진보당 간부들에게 간첩 누명을 씌웁시다."

얼마 후 조봉암의 진보당 사무실로 경찰들이 몰려왔어요.

"진보당 간부들을 간첩 혐의로 모두 붙잡아!"

경찰들은 진보당 당원들을 다짜고짜 잡아갔어요.

조봉암은 경찰에게 자신을 잡아 온 이유를 물었어요.

"북한에서 내려온 간첩과 만난 적이 있지요?"

"아니 그건 또 무슨 말이오? 어디 증거 있으면 내놓아 보시오."

경찰은 조봉암과 진보당 간부들을 간첩이라고 주장했어요.

"간첩 활동을 한 진보당을 없앤다."

경찰은 언론을 부추겨 조봉암과 진보당을 비판하도록 시켰어요.

하지만 경찰의 주장을 믿는 사람들은 많지 않았어요.

"또 말도 안 되는 누명을 씌워 조봉암을 잡아갔어."

"그러게, 경찰이 무서워서 말도 못하고……."

사람들은 이승만 정권이 무서워 감히 조봉암을 편들지 못했어요.

▲ 진보당 사건으로 법정에 선 조봉암

조봉암은 초대 농림부 장관을 지냈어.

대통령 선거에 두 번이나 나왔지만 국가 보안법 위반으로 사형 당해.

하지만 조봉암의 결백은 재판을 통해 드러났어요.

7월에 열린 재판에서 재판관은 조봉암에 대한 판결을 내렸어요.

"피고 조봉암은 불법으로 무기를 갖고 있었던 죄가 인정된다.

징역 5년에 처한다. 그러나 다른 죄는 모두 인정할 수 없다."

이어 진보당 간부들도 전원 죄가 없다는 판결을 내렸어요.

진실을 외면하지 않은 판사의 판결이었어요.

하지만 여기까지였어요. 깡패들이 몰려와 판사를 위협했어요.

"빨갱이 판사를 죽여라!"

"진보당 관련자들을 모두 죽여라!"

재판관들은 이승만 정권의 강력한 항의에 겁을 먹고 말았어요.

결국 재판관들도 이승만 정권에 굴복하고 말았어요.

"조봉암에게 사형을 선고한다."

1959년 9월, 조봉암은 사형 판결을
받은 뒤 바로 죽임을 당했어요.
하지만 군대와 경찰, 깡패를
불러들여 민주주의를 짓밟은
이승만과 자유당 정권도
오래가지는 못했어요,
조봉암이 죽은 지 일 년도 채
되지 않아 이승만은 쫓겨났어요.

조봉암은 대통령 선거에서 많은 표를 얻었어. 이승만 정권이 불안해서 간첩 혐의를 씌웠던 거야.

조봉암이 죽어야 다음 대통령 선거에서 이승만이 당선될 줄 알았으니깐. 하지만 착각이었지!

남한과 다른 나라가 된 북한

전쟁 이후의 북한

박헌영은 남한과 전쟁을 하면 이길 수 있다고 김일성을 설득했어요.

"남조선에는 20만 명 정도의 남로당원이 있소. 북쪽에서 전쟁을

일으키기만 하면, 이들이 일어나 이승만 정권을 무너뜨릴 것이오."

남로당은 남조선 노동당을 줄인 말이에요.

즉 38도선 이남에서 활동하던 공산주의자들이 만든 단체였어요.

하지만 막상 전쟁이 일어나자 38도선 이남 어디에도

남로당원들이 일어나 북한군과 함께 싸우지 않았어요.

"어디 남로당원이 있소. 처음 약속과 틀리지 않소?"

박헌영은 할 말이 없었어요.

"내 생각이 틀린 것 같소."

박헌영뿐만 아니라 김일성 또한 잘못 생각한 것이 많았어요.

"소련과 중국이 도와주면 일주일 안에 남한을 차지할 수 있어요."

김일성은 소련과 중국을 설득하고, 북한 주민도 설득했어요.

전쟁을 벌였지만 곧 북한이 이길 수 없다는 것을 알게 되었어요.

잘못된 생각과 판단으로 엄청난 피해만 남기게 된 거였어요.

전쟁으로 인해 500만 명에 가까운 사람이 죽거나 다쳤어요.

이뿐만이 아니에요. 철도와 도로, 공장 등 많은 시설이 무너졌어요.

북한의 모든 시설이 파괴되다시피 했어요.

특히 평양은 미군의 집중적인 공격으로 심하게 파괴되었어요.

"미군의 폭격으로 평양 시내에 남아 있는 건물이 하나도 없어!"

전쟁이 끝날 때쯤 어떤 미국인은 평양을 보고 말했어요.

"앞으로 북한은 100년이 걸려도 다시 일어나지 못할 거야."

북한 정권은 주민들에게 할 말이 없었어요.

"전쟁 목표도 달성하지 못했소. 많은 사람이 죽고, 가진 것을 모두

잃어버렸으니 주민들에게 뭐라 말할 수 있겠소!"

"우리 북한이 승리한 전쟁으로 선전을 해야 합니다."

"그렇습니다. 박헌영과 남로당에 책임을 떠넘깁시다."

결국 박헌영과 남로당 출신 인사들에게 전쟁에 진 책임을 떠넘겼어요.

"박헌영은 미군 간첩이다."

박헌영은 미군 간첩이란 죄를 뒤집어쓰고 처형되었어요.

1956년 북한에서도 김일성에 반대하는 세력이 나오기 시작했어요.

북한에서도 이승만 정권 같은 일이 벌어졌네.

그렇지, 북한이나 남한이나 독재를 하기 위해서 경쟁자들을 몰아내는 일이 많았어.

"지금 온 나라가 김일성 중심으로 운영되고 있어요."

"맞아요. 심지어는 김일성을 숭배하는 일조차 벌어지고 있어요."

"그렇습니다. 살아 있는 사람의 동상을 세우는 일은 말도 안 돼요!"

많은 사람들이 김일성에 대한 불만의 목소리를 높였어요.

1956년 6월 2일, 김일성이 소련을 비롯한 사회주의 국가들을

방문하기 위해 북한을 떠났어요.

이때 반대 세력들은 사람들을 모아 힘을 키웠어요.

"김일성과 지금의 정부는 나라를 잘못 운영하고 있습니다."

"한 사람의 지시를 따르지 말고 민주적으로 결정합시다."

하지만 이미 김일성의 권력은 상당히 커져 있었어요.

남쪽에서 이승만 정권이 조봉암을
없앴듯이 김일성 또한
강력한 독재 정치로
반대 세력을
없앴어요.
김일성은 곧 1인
독재 정치를
시작했어요.

북한은 이제 내 손안에 있소!

▲ 김일성 동상

북한의 사회주의

북한은 개인의 재산을 인정하지 않는 사회주의 국가예요.

사회주의 국가는 재산을 공동으로 소유하고,

함께 일한 대가를 나누어 가졌어요.

전쟁이 끝난 다음 해부터 북한에는 협동농장이 들어섰어요.

협동농장은 다 같이 일하고, 일한 사람의 수만큼 수확물을

나누어 갖는 곳이었어요.

"각 집마다 일할 수 있는 사람과 자기 땅이 얼마인지 꼭 알려 주시오."

"각자 자기 집에 있는 농기구와 가축을 모두 등록해 주세요."

북한에서는 농민들이 협동조합에 들기를 원했어요.

"우리 다 같이 열심히 일하고 더 많은 것을 생산합시다!"

1958년까지 북한의 모든 농민은 협동조합에 들었어요.

북한 주민들은 저수지를 만들거나, 새로운 도로를 만들 때,

새로운 농토를 개간할 때 모두 협력해서 일을 했어요.

공장이나 상점 또한 협동조합에서 맡아보았어요.

철도나 전기처럼 나라 경제에서 중요한 기업은 국가가 운영했어요.

1950년대 후반 들어 북한은 완전한 사회주의 국가가 되었어요.

"북한은 부자나 가난한 사람 없는 평등한 세상이 되었습니다."

북한 정권은 세상에서 가장 살기 좋은 나라라고 선전했어요.

이것을 믿는 주민도 있었지만 그렇지 않은 주민들도 있었어요.

북한은 전쟁이 끝난 뒤 주민들의 애국심을 부추겼어요.

"폐허가 된 조국을 하루빨리 재건하자!"

"천리마를 탄 기세로 사회주의 건설에 앞장서자!"

천리마는 하루에 천 리를 달리는 말이었어요.

모든 주민이 천리마처럼 쉬지 않고 나라를 위해 열심히 일하자는

천리마 운동을 벌인 것이었어요.

"사회주의 지상 낙원을 건설하자!"

"맡은 바 목표를 이루어야 북한이 발전할 수 있습니다!"

북한은 기업과 협동농장마다 생산할 목표를 정해 주었어요.

어떤 일이 있어도 꼭 이루어 낼 수 있도록 요구한 것이었어요.

전쟁이 끝난 뒤 북한은 새로운 사회로 바뀌어 갔어요.

북한은 이제 남한과 아주 다른 사회가 되어 버렸어요.

북한과 남한은 먹고 입는 것, 말하는 것, 생각하는 것까지 달랐어요.

특히 북한은 북한 주민이 남한 사람들과 만나는 것을 가로막았어요.

"남한 사람과 말을 할 생각은 꿈에도 하지 마시오."

남한과 북한은 오랫동안 한 국가에서 한 민족으로 살았지만,

광복의 기쁨도 잠시 남북으로 나뉘었어요.

6·25 전쟁으로 인해 남북은 서로를 너무 미워하게 되었어요.

한 민족이 서로 다른 두 국민으로 바뀌고 말았지요.

맨손으로 다시 일어서다

전쟁이 휩쓸고 간 자리에는 무너진 건물과 못쓰게 된 땅만 남았어요. 보금자리로 돌아온 사람들은 뭘 먹고 살아야 할지 막막했어요. 사람들은 일자리를 찾아 나섰어요. 하지만 사람들은 희망을 잃지 않고 맨손으로 다시 일어서기 위해 노력했어요.

❀ 일거리를 찾아 거리로 나왔어요

▲ 바깥일을 해 보지 않은 여성들이 할 수 있는 일은 장사였어요. 구호물자로 받은 밀가루를 가지고 풀빵이나 찐빵, 만두 등을 만들어 팔았어요.

▲ 미군 부대에서 흘러나온 물건은 인기가 많았어요. 그런 물건들을 파는 시장을 '도깨비시장'이라고 불렀어요. 단속반이 나오면 순식간에 사라졌기 때문에 그런 이름이 붙었지요.

6·25 전쟁은 국토를 몹쓸 땅으로 만들었어요. 사람들은 고향으로 돌아왔지만 모든 것이 사라졌어요. 집은 무너지고 먹을 것도 없었지요. 해외에서 보내온 구호물자로 입고 먹을 수밖에 없었어요. 이제 남녀노소 누구나 할 것 없이 먹고살기 위해 일자리를 찾아야 했어요. 젊은 사람들은 물론이고 전쟁고아가 된 아이들까지 돈을 벌기 위해 생활 전선에 뛰어들었어요.

▲ 전쟁고아들이 가장 많이 했던 일은 구두닦이였어요. 구두를 반짝반짝 빛나게 닦아 문대고 해서 '슈샤인 보이'라고 불렀어요. 주로 미군들의 군화를 닦는 일을 했답니다.

▲ 1955년경 청계천 주변의 판잣집들

❀ 판잣집을 짓고 군복을 손질했어요

사람들은 살 집을 마련하기 위해 무엇이든 가리지 않고 집을 지어야 했어요. 드럼통이나 나무를 가지고 얼기설기 집을 지었어요. 이런 집을 판잣집이라고 불렀답니다. 살림살이도 미군이 버리고 간 물품으로 대충 만들어 썼어요. 입을 옷도 없어서 구호물자로 얻은 헌옷이나 군복을 손질해서 입어야 했어요. 청년들은 물들인 군복을 평상복으로 입고 다녔어요.

❀ 경제가 되살아나기 시작하다

전쟁이 끝난 뒤 많은 나라가 구호물자를 보내 주었어요. 특히 미국은 밀, 옥수수, 목화, 설탕 등을 대량으로 보냈어요. 우리나라 기업들은 이런 물자를 가지고 산업을 일으켰어요. 밀, 목화, 설탕을 가공하여 밀가루를 만들고 면직물을 만들었지요. 이렇게 구호물자를 가지고 만든 산업을 '삼백 산업'이라고 불렀어요. 밀가루, 면직물, 설탕이 모두 하얀색이었기 때문이에요.
시간이 지나면서 다른 물건을 만드는 산업들도 점차 발전하게 되었어요.

한국사 돋보기

우리나라 자동차 1호는 무엇일까?

현재 우리나라 자동차는 세계에서 실력을 인정받고 있어요. 하지만 우리나라가 자동차를 만들기 시작한 것은 불과 50여 년 전이에요. 처음 만들어진 자동차는 '첫출발'이라는 뜻으로 '시발'이라 이름을 붙였어요.
시발 자동차는 최무성, 최혜성, 최순성 3형제가 드럼통을 두드려 펴 차체를 만들고 미군 지프의 엔진과 변속기를 본떠 제작한 것을 조립해 생산한 우리나라 최초의 자동차에요. 생산 초기에는 촌스러운 디자인과 비싼 가격 때문에 많이 팔리지 않다가 1955년 광복 10주년 기념 산업 박람회에서 최우수 상품으로 정해지면서 인기가 올라갔어요.

▲ 시발 자동차

부유층에서는 시발 자동차를 구입하기 위한 '시발계'까지 유행했대.

청와대의 옛 이름, 경무대

우리나라 대통령이 사는 곳은 청와대예요. 푸른 기와로 덮여 있어 청와대라고 부르지요. 제2대 윤보선 대통령이 청와대로 이름을 바꾸기 전까지는 경무대라고 불렸어요. 오늘날의 청와대가 있기까지 어떤 일들이 있었는지 살펴보아요.

🌸 무예를 구경하던 경복궁의 후원

청와대는 경복궁 뒤편의 언덕 위에 자리 잡고 있어요. 1426년 세종 대왕이 경복궁을 창건하면서 궁궐 후원이 되었지요. 그 뒤 흥선 대원군이 경복궁을 중건한 뒤 '무예를 구경하는 대'라는 의미에서 '경무대'라고 부르기 시작했어요. 그곳에는 융무당과 융문당 등의 건물이 세워졌고, 친경전(임금이 몸소 경작하는 논밭)도 마련되었어요. 과거 시험도 자주 치렀고요.

▲ 경무대 관저 뜰에 있는 이승만 대통령 부부

▲ 청와대 본관

🌸 조선 총독의 관저가 들어서다

고종 임금이 경복궁을 떠나면서 경무대도 옛날의 모습을 잃어 갔어요. 경무대 위의 건물들은 낡아져 갔어요. 우리나라를 점령한 일본은 그곳에서 전국 궁술 대회, 가정 부인 운동회 같은 행사들을 열었답니다. 그 후 조선 총독부가 경복궁 안에 청사를 지으면서 총독 관저를 이곳에 두었어요.

🌸 경무대에서 청와대로

1948년 8월, 대한민국 정부가 세워져 대통령 관저로 사용되면서 경무대의 첫 주인은 이승만 대통령이 되었어요. 4·19 혁명 후 민주당 정권이 들어서면서 윤보선 대통령이 경무대의 주인이 되었고 '청와대'로 이름을 바꾸었지요. 1990년에는 춘추관과 대통령 관저가 새로 지어졌으며, 1993년에는 총독 관저였던 옛 건물을 없앴답니다.

지금 청와대는 일반인들도 드나들 수 있대.
▲ 대규모 회의와 외국인을 위한 공식 행사를 여는 영빈관

한눈에 보는 연표

우리나라 역사　　세계 역사

국군과 유엔군, 인천 상륙 작전 성공 **1950**

▲ 조선일보에 실린 발췌 개헌안에 관한 기사

1·4 후퇴, **1951** ← 영국, 처칠 내각 구성
거창 양민 학살 사건

평화선 선언, **1952** ← 미국, 수소 폭탄 실험 성공
제1차 개헌(발췌 개헌)

휴전 협정 맺음, **1953** ← 소련, 스탈린 죽음
제1차 통화 개혁 실시

국회, 제2차 개헌 **1954** ← 인도차이나
(사사오입에 의한 개헌 통과) 휴전 성립

국사 편찬 위원회, **1955**
〈조선왕조실록〉 간행 착수

국군의 날

1950년 10월 1일은 우리 국군이 남침한 북한 공산군을 반격한 끝에 38도선을 넘어선 날이에요. 그날을 기리기 위해 국군의 날로 지정했어요.

제1회 국군의 날 **1956** ← 이집트, 수에즈 운하 접수
기념식 거행 헝가리·폴란드 반공 의거

〈우리말 큰사전〉 **1957** ← 소련, 세계 최초로 인공위성
완성, 발간 스푸트니크 1호 발사 성공

▲ 스푸트니크 1호

제4대 민의원 총선거 **1958** ← 프랑스, 드골 내각 구성

경향신문 강제 폐간 **1959** ← 소련, 달에 우주 로켓 발사 성공

수소 폭탄 실험

1950년에 소련이 원자 폭탄을 만들어 내자 위기감을 느낀 미국의 트루먼 대통령이 수소 폭탄 연구를 지시했고, 1952년 11월에 최초로 수소 폭탄 실험에 성공했어요.

국구의 날 시가 행진 모습이에요.

원자 폭탄보다 폭발력이 500배 이상 컸대.